Pâte à Sel

PREMIERS PAS

Brigitte Casagranda

Photographies
Jeanbor

BORDAS
Dessain et Tolra

A Marie
Sophie et Baptiste !
A mon arrière grand-mère «Man' yette»

Je tiens à remercier mes parents pour les coquillages et la baleine... Merci à Claude Bouffé et à Jeanbor pour de si beaux décors et de si belles lumières, à Céline et Baptiste pour leur contribution aux photos techniques.

Tous ces modèles ici présentés sont des créations originales de Brigitte Casagranda et ne peuvent en aucun cas être reproduits à des fins de vente ou d'exposition.

L'éditeur remercie :

Bass et Bass
6 rue de l'Abbé de l'Epée
75005 Paris

Dagobert
5 boulevard de Ménilmontant
75011 Paris

Bernard Carant
41 boulevard des Batignolles
75017 Paris

La maison de Sarah
36 rue Madeleine Michelis
92200 Neuilly-sur-Seine

Conception graphique,
Couverture : Jean-Louis Depaz
Photographies : Jeanbor
Coordination technique : Claudine Vanlathem
Direction éditoriale : Catherine Franck-Dandres
Photogravure : Grafotec

Dépôt légal : mai 1995

Dépôt légal : février 1996
Imprimé en Italie par Canale, Turin
ISBN : 2-249-30017-8
ISSN : 1257-9769

SOMMAIRE

Recette et Matériel

1 rouleau à pâtisserie
1 couteau de cuisine
Des ébauchoirs
1 verre d'eau pour souder les éléments entre eux
1 paille

1 presse-ail
Emporte-pièce
Papier d'aluminium Farine
2 verres de farine de blé
1 verre de sel fin
1 verre d'eau froide

Mets dans un saladier la farine et le sel, mélange et fais un puits dans lequel tu verseras en une fois le verre d'eau. Mélange encore une fois, tu vas obtenir une grosse boule - quand la boule est faite, la pâte à sel est prête. Travaille ta pâte à sel directement sur un plan de travail légèrement fariné.
Si elle te semble dure et friable, rajoute un peu d'eau et pétris-la longuement afin qu'elle devienne souple et lisse. Si elle est trop molle, rajoute de la farine

et travaille-la afin qu'elle soit souple et sans grumeau.
Elle ne doit pas coller aux doigts.
Après avoir préparé ta pâte, tu peux commencer à modeler sur une surface lisse que tu garderas toujours propre, à l'aide d'une éponge et d'un torchon.
Les peintures et vernis utilisés sont détaillés pour chaque modèle.

Conservation de la pâte fraîche

Ne prépare pas trop de pâte. Elle se conservera quelques heures à l'abri de l'air sous un film plastique ou dans un récipient hermétique.
Si elle ramollissait, ajoute un peu de farine et repétris la pâte.

Cuisson :

Le temps de cuisson est indiqué pour chaque modelage.
Pour ma part, j'ai un four à chaleur tournante où mes modèles cuisent à 100 ° C, ou au maximum à 125 ° C en fin de séchage. Mais un four à gaz ou électrique convient très bien si l'on respecte le temps et le degré de cuisson.
Il vaut mieux remplir ou : faire cuire plusieurs modelages en même temps (<u>on ne peut pas le remplir puisque la cuisson doit se faire du milieu du four</u>), on économise ainsi gaz ou électricité.

Peinture :

Dilue bien tes gouaches avec de l'eau et change souvent le verre d'eau ; utilise des pinceaux N° 4 ou 6 pour les détails et N° 8 pour les plus grandes surfaces ; ton chiffon doit être propre.

Vernis :

Un bon vernis à bois transparent protège les modèles de l'humidité ou de la poussière et donne de l'éclat aux couleurs.
Passe-le en 2 ou 3 couches.
Place tes modelages sur du papier journal dans une pièce bien aérée et demande à ta maman ou à un autre adulte de t'aider.

Répertoire des formes

Boule ronde :
roule la pâte avec la paume de la main.

Boule ovale :
roule la pâte avec la paume de la main, en allongeant à peine.

Boulettes rondes, plus petites :
aplatis-les avec l'index, pour former des oreilles par exemple.

Colombins :
roule des boudins plus ou moins gros avec les doigts ; tu peux les effilocher pour réaliser la queue, ou bien tracer des lignes avec une paille pour la capuche de l'esquimau.

Étaler :
utilise un rouleau à pâtisserie légèrement fariné pour obtenir une abaisse.

Abaisse :
couche de pâte à sel régulière, assez épaisse (1/2 cm d'épaisseur). On y découpe des formes à l'emporte-pièce pour confectionner des ribambelles.

Si tu étales une abaisse plus fine, sur le plan de travail (1 ou 2 mm), tu pourras la cranter avec la roulette à pâtisserie ou la plisser en accordéon pour former un vêtement d'enfant.

Soudure :
Humidifie légèrement, avec un pinceau ou un vaporisateur, chaque nouvel élément que tu veux ajouter. Attention : ne mouille que les surfaces qui doivent adhérer, car un modelage détrempé se déforme et sèche mal.

Attention : les petits personnages tenant debout comme les clowns, les esquimaux, les ours blancs ou les bonshommes de neige penchent parfois un peu durant la cuisson. Ce n'est pas grave. Après la cuisson, ou le vernis, tu pourras les poncer avec du papier de verre pour qu'ils tiennent debout. Mais ils peuvent aussi être très amusants penchés comme des culbutos !

Poule noire

Pour chaque poule :
1 boule ovale pour le corps
1 boule ronde plus petite pour la tête
1 bec pointu
1 crête
1 petit bout de bois
Papier d'aluminium

Modelage pour le corps :

• Prends un peu de pâte dans tes mains, puis forme une boule bien lisse avec les paumes.

Roule-la sur le plan de travail légèrement fariné pour lui donner une forme ovale et place-la sur l'aluminium.

Pince une extrémité entre le pouce et l'index en relevant la pâte ; ce sera la queue. Insère doucement de l'autre côté un petit bout de bois pour fixer la tête.

• Pour la tête : Reprends un peu de pâte, moins que pour le corps, et roule une jolie boule bien ronde. Pique-la sur le petit bout de bois.
Ajoute le bec pointu et la crête.

Cuisson : Fais cuire à 75° C pendant 30 minutes. Retire l'aluminium, puis place tes poules sur la grille au milieu du four, et prolonge la cuisson de 30 minutes à 100° C.

La ferme

Peinture : Tu peux peindre tes poules en noir, en brun ou en gris, avec une belle crête rouge vif, ou bien encore ajouter des pois blancs qui les rendront plus gaies. Choisis un beau jaune pour le bec.

• Pour peindre les poules regarde ces dessins.

Les canards

Pour chaque canard :
1 boule ovale pour le corps
1 boule ronde plus petite pour la tête
1 bec
1 triangle pour le foulard
1 boule pour le chapeau
1 bâtonnet
2 petits yeux mobiles à coller
De la colle tous supports
Papier d'aluminium

Modelage :

• Prends un peu de pâte et forme une boule lisse. Roule-la sur le plan de travail à peine fariné pour lui donner une forme ovale et place-la sur l'aluminium.

• Pince une extrémité entre le pouce et l'index et redresse la pâte pour faire la queue.

• Insère un petit bout de bois pour fixer la tête. Roule une jolie boule ronde, et place-la sur le corps du canard, en la piquant sur le morceau de bois.

• Ajoute un petit bec que tu pinceras en le redressant à peine vers le haut. Tu peux le placer au milieu ou sur le côté de la tête, l'orienter vers le haut ou le bas, à droite ou à gauche pour donner une autre expression au canard.
Ajoute le petit foulard découpé dans un triangle de pâte finement étalé à l'aide du rouleau à pâtisserie.

• Pour le chapeau, roule une boulette dont tu pinceras le bord. Humidifie le sommet de la tête du canard et place le chapeau, ajoute un nœud, une fleur ou des cerises...

Cuisson : Fais cuire les canards 20 minutes à 75°C, puis retire l'aluminium. Place-les au milieu du four, sur la grille, et poursuis la cuisson 30 minutes à 100° C.

Peinture : Peins tes canards en jaune, avec un bec orange, en dessinant deux petites narines d'un coup de pinceau fin N° 2.

Vernis :
Passe 2 couches de vernis afin de les protéger de la poussière et de l'humidité. Lorsque le vernis est bien sec, colle deux petits yeux mobiles que tu trouveras dans les magasins de travaux manuels. Ils seront très drôles.

Les mésanges

Pour chaque mésange :
1 boule ronde pour le corps
1 boule ronde plus petite pour la tête
1 petit bec pointu
1 petit bout de bois
Papier d'aluminium

Modelage :

Les mésanges sont modelées comme les poules.

• Forme une boule ronde pour le corps. Pince une extrémité entre le pouce et l'index en relevant la pâte pour figurer la queue, les mésanges ont une queue plus longue que celle d'une poule ou d'un canard. Insère un petit bout de bois pour fixer la tête.

• Roule une petite boule bien ronde et bien lisse, plus petite que le corps, puis pique-la sur le bâtonnet, en humidifiant légèrement la base de la boule.
Ajoute un petit bec court et pointu.

Cuisson :

Place les mésanges à mi-hauteur du four pendant 30 minutes à 75° C. Retire l'aluminium et poursuis la cuisson 30 minutes à 100° C. Elles doivent être dures et sèches dessus et dessous ; sinon, laisse encore sécher au four de 10 à 15 minutes.

Peinture :

Laisse bien refroidir tes modelages avant de les peindre. Pendant ce temps, tu peux feuilleter des livres ou des magazines sur les oiseaux qui pourront t'aider à trouver de jolies couleurs.
Tu peux terminer par un vernis posé en 2 couches, pour cela demande l'aide d'un adulte.

Vaches et touffes d'herbe en fleur

Pour chaque vache :
1 boule en forme de poire pour le corps
1 boule ovale pour la tête
2 colombins pour les cornes
2 boulettes ovales pour les oreilles
1 découpe pour la touffe de poils
4 boulettes pour les pattes
1 boulette ovale pour la cloche
1 colombin effiloché pour la queue
Papier d'aluminium
Bâtonnets

Modelage :

- Sur le plan de travail fariné, roule une boule de pâte en forme de poire. Place-la à la verticale sur l'aluminium en appuyant légèrement pour lui donner une base plate.
- Ajoute un petit bout de bois au sommet pour pouvoir fixer la tête.

- Roule une autre boule de pâte avec la paume de ta main pour lui donner une forme ovale. Pince doucement une des extrémités pour former le museau .

Roule 2 colombins pour les cornes ; pince-les d'un côté afin de les rendre pointus et effilés. Place-les sur l'aluminium après avoir piqué dans chaque corne un petit bout de bois.
Pour les oreilles, aplatis 2 boulettes ovales avec l'index. Insère un petit bout de bois

dans chaque oreille ; ainsi, elles tiendront bien sur la tête de la vache.

- Avec un couteau ou un emporte-pièce, découpe dans la pâte une sorte de fleur qui formera la touffe de poils entre les cornes.

- Fais cuire quelques minutes au four à 75°C tous les éléments, en les séparant bien. Ressors tous les éléments ; du four, ils sont maintenant un peu durs.

• A présent tu peux assembler les formes : Mouille légèrement le haut du corps de la vache et place la tête sur le petit bout de bois. Mouille le dessus de la tête et fixe les 2 cornes puis les 2 oreilles, en enfonçant à chaque fois les bâtonnets dans la tête. Place la touffe de poils entre les oreilles.
• Remets à cuire la vache, toujours à 75° C, pendant 15 minutes.
• Pendant ce temps, modèle 4 boulettes ; aplatis-les avec l'index pour former les 4 pattes.
• Modèle une boulette ovale ; creuse-la à l'aide d'une aiguille pour former la cloche.
• Ressors la vache du four. Humidifie son ventre et fixe bien les 4 pattes. Ajoute la cloche entre le corps et la tête. Tous ces éléments doivent être bien soudés entre eux.

Cuisson définitive :
La vache terminée ; glisse-la à nouveau à mi-hauteur du four à 100° C pendant 30 minutes afin qu'elle sèche complètement.

Peinture :
Tu peux choisir des couleurs différentes pour chaque vache : marron à taches blanches, noire à taches blanches, toute blanche ou toute brune. La cloche est dorée, l'intérieur des oreilles rose ainsi que son museau. Tu peux souligner ses naseaux et sa bouche d'un rose plus soutenu. N'oublie pas les sabots noirs. Pour peindre les vaches regarde ces dessins.

Touffes d'herbe

Le pique-nique des petits cochons

Pour chaque cochon :
1 boule ronde pour la tête
1 boule ovale pour le corps
4 boulettes pour les pattes
1 boulette pour le groin
2 boulettes pour les oreilles
1 petit colombin pour la queue
1 petit bout de bois
Papier d'aluminium

Modelage :

• Forme une boule bien ronde et lisse pour la tête du cochon ; place-la sur l'aluminium. Roule une autre boule en lui donnant une forme ovale et pince-la au niveau du cou du cochon.

• Humidifie légèrement la base de la tête et fixe-la au corps .

• Modèle 4 petites boules identiques, un peu aplaties, pour les pattes, puis humidifie le corps du cochon et disposes-les deux par deux, en appuyant légèrement. Forme une boulette aplatie pour le groin, humidifie la tête du cochon et place le groin en appuyant légèrement.

• À l'aide d'une aiguille dessine 2 narines bien rondes. Pince 2 petites boules entre le pouce et l'index pour les oreilles, puis roule un colombin très fin et enroule-le sur lui-même pour la queue. Fixe oreilles et queue.

Cuisson : Fais cuire tes cochons à mi-hauteur du four à 75° C pendant 30 minutes, puis enlève l'aluminium. Place les cochons sur la grille et prolonge la cuisson de 30 minutes, à 100° C pour un complet séchage.

Peinture :

Peins-les de rose de la tête au pied !
Ajoute les yeux. C'est fini.

Poissons rouges

Pour chaque poisson :
1 boule ovale pour le corps
4 ou 5 boulettes ovales pour les nageoires
2 petites boulettes pour les yeux
Papier d'aluminium

Modelage :

• Roule dans la paume, de tes mains une boule de forme ovale pour le corps du poisson. Place-la sur l'aluminium.
Pince légèrement une extrémité pour former son museau. Pince l'autre extrémité plus fort, en prenant plus de pâte entre tes doigts, pour figurer la queue ; tu peux lui donner un mouvement.

• Roule deux petites boulettes entre le pouce et l'index, puis place les yeux sur la tête en humidifiant afin qu'ils collent bien.

• Dispose les nageoires sur le ventre et les côtés en humidifiant ton doigt à chaque fois.

• Tu peux ajouter sur le dos une autre nageoire, en humidifiant légèrement l'endroit où tu veux la placer.

La mer chaude

Si tu désires réaliser un jeu de pêche à la ligne, il te suffit avant la cuisson d'enfoncer une attache en fil de fer ou bien encore un trombone au milieu du dos de ton poisson.

Les tortues

Pour chaque tortue :
1 boule ovale pour la tête
4 petits colombins pour les pattes
1 boule plus grosse pour la carapace
1 petite queue pointue
Papier d'aluminium

• Roule une boule de pâte et donne lui une forme ovale, place-la sur l'aluminium. Forme 4 petits colombins , 2 pour les pattes arrière, 2 un peu plus longs et plus larges pour les pattes avant. Aplatis-les un peu. Dispose-tes formes sur du papier aluminium.

• Roule une plus grosse boule de pâte dans tes mains, puis aplatis-la légèrement sur le plan de travail à peine fariné. Avec le pouce et l'index, marque des arrêtes sur la carapace si tu veux modeler une tortue de mer, ou bien laisse la carapace plus ronde pour une tortue de terre.

• Place la carapace sur les 4 pattes en les humidifiant pour les souder à la carapace, sans cela elles se détacheront après la cuisson. Ajoute une petite queue pointue.

Cuisson : Enfourne les tortues à 75° C pendant 30 minutes, puis retire l'aluminium et dispose les tortues sur la grille à 100° C pendant 30 à 40 minutes.

Peinture : Si tu as la chance d'avoir toi-même des tortues d'aquarium elles te serviront de modèle ; sinon, aide-toi d'un livre, tu trouveras des tortues à bosse, des tortues diamant, des tortues luth.

La baignade

Pour chaque baigneur :
1 boule ronde pour la tête
1 gros colombin pour le corps et les jambes
2 colombins pour les bras
2 boulettes pour les mains
2 boulettes pour les pieds
Presse-ail pour les cheveux
Papier d'aluminium

Modelage :

• Roule une jolie boule bien ronde pour la tête d'un baigneur.
Roule un gros colombin pour le corps, pose-le contre la tête en humidifiant.
Pince-le au niveau de la taille.
Sous la taille, sépare le corps en deux parties égales pour former les jambes.

• Prépare le matelas en roulant des colombins réguliers.Soude-les entre eux en humidifiant, puis ajoute un boudin pour former l'oreiller.

• Humidifie le matelas puis allonge le bonhomme.
Ajoute les mains, puis les pieds.

• Pour les cheveux, presse la pâte au travers du presse-ail et dispose les brins de pâte en formant la coiffure qui te plaît.

Cuisson : Place tous les baigneurs sur l'aluminium, à mi-hauteur du four, pendant 30 minutes à 75° C .
Retire l'aluminium, dispose les modelages sur la grille afin qu'ils sèchent bien dessus et dessous, puis prolonge la cuisson de 30 minutes à 100° C.

La baleine et les poissons

Pour la baleine :
1 grosse boule pour le corps
2 petits colombins pour les nageoires
Papier d'aluminium

Modelage :

• Prends une assez grosse boule de pâte et roule-la sur le plan de travail légèrement fariné en un gros boudin. Pose ce boudin sur l'aluminium.

• Délimite d'abord la tête puis fais une petite entaille au couteau pour dessiner la bouche. Agrandis-la avec ton index en appuyant davantage sur la mâchoire inférieure ; soulève également la mâchoire supérieure, puis marque les fanons (dents) au couteau en striant de haut en bas. Façonne la bosse de la baleine.

• Allonge le boudin en pinçant doucement la pâte et forme la queue en l'aplatissant des 2 côtés. Marque le milieu de la queue avec une aiguille.
Roule puis aplatis 2 petits colombins pour les nageoires ; fixe-les de chaque côté du corps et marque le trou à l'arrière de la tête.

Tu pourras coller des brins de fil de pêche assez rigide dans le trou à l'arrière de la tête, comme une petite fontaine, pour figurer le souffle de la baleine !

La mer froide

Peinture : J'ai utilisé du bleu, du blanc et du gris que j'ai mélangés sur ma palette avant de les répartir irrégulièrement. La baleine aurait été trop triste toute unie de gris ou de bleu.

Cuisson : Ce modelage assez épais doit d'abord cuire à 75° C pendant 30 minutes ; retire ensuite l'aluminium, place ta baleine au milieu du four sur la grille et poursuis la cuisson 1 heure à 120° C.

Les esquimaux

1 boule ovale pour le corps
1 boule ronde pour la tête
2 colombins pour les bras
2 boulettes ovales pour les moufles
1 colombin pour le bord de la capuche
1 petit bout de bois
Papier d'aluminium

Modelage :
Modèle une boule ovale un peu dure, puis installe-la debout sur le papier d'aluminium en appuyant légèrement pour lui donner une base plate. Pique un petit

bout de bois au sommet pour pouvoir fixer la tête. Roule une jolie boule bien ronde pour la tête et enfonce-la sur le bâtonnet.

• Ajoute les bras de chaque côté en humidifiant légèrement. Ils peuvent être aussi grands que ton petit doigt. Roule 2 boulettes ovales pour les moufles. Place-les au bout des bras en les pressant légèrement sur le corps afin qu'elles tiennent bien.

Roule un colombin assez fin, grand comme ton index. À l'aide d'une paille, dessine la fourrure qui bordera la capuche. Place le colombin tout autour de la tête.

Cuisson :
Fais cuire le tout à 75° C pendant 30 minutes, puis enlève le papier d'aluminium et place l'esquimau sur la grille du four à 100° C pendant 30 minutes.

Peinture :
Peins d'abord tout ton modelage en blanc, laisse-le sécher puis ajoute çà et là des poils de fourrure beiges ou brun clair

avec une brosse plate.
Dessine d'un trait fin au pinceau N° 2 les yeux bridés et les sourcils arrondis.

Pour peindre le visage de l'esquimau regarde ces dessins.

Le kayak

1 gros colombin pour le kayak
1 colombin fin pour la pagaie
2 boulettes ovales pour les pales
Papier d'aluminium

Modelage du kayak :
Roule un gros colombin sur le plan de travail fariné, puis place-le sur l'aluminium. Pince-le en l'affinant à l'avant et à l'arrière.

• Tu peux aussi couper les deux bouts en pointe avec un couteau, puis mettre le bateau en forme avec les doigts humides.

• Creuse avec les doigts le milieu du kayak et place l'esquimau dans son trou en humidifiant, il doit bien adhérer au kayak.

Pour la pagaie, roule un colombin très fin et place à chaque extrémité une boulette ovale aplatie.
Tu peux installer à l'avant ou à l'arrière du kayak des poissons, un phoque ou un ours que l'esquimau vient de chasser.

Cuisson :

Fais cuire ton modelage à 75° C pendant 30 minutes, retire l'aluminium et poursuis la cuisson sur la grille, à mi-hauteur du four à 100° C pendant 1 heure.

Vernis :

Avec l'aide d'un adulte, passe 2 ou 3 couches de vernis transparent pour protéger ton modèle de la poussière et de l'humidité.

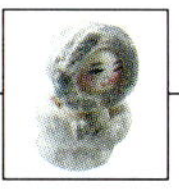

L'igloo

1 couteau
Papier d'aluminium
Colombins de pâte à sel un peu ferme

Modelage :

Prends une feuille d'aluminium et froisse-la entre tes mains, pour qu'elle forme une boule bien ronde et lisse, entoure-la à nouveau d'aluminium. Cette boule va servir d'armature à ton igloo. Pose la sur le papier d'aluminium.

Prends un peu de pâte et roule-la sur le plan de travail légèrement fariné avec la paume de tes mains comme si tu voulais former un serpent.

• Aplatis légèrement ce colombin pour obtenir une bande de 1 cm d'épaisseur, puis dispose-la autour de la boule d'aluminium en laissant un espace pour l'ouverture de l'igloo.

• Dispose ainsi plusieurs bandes les unes au-dessus des autres, puis termine par un chapeau de pâte.

Cuisson :

Enfourne l'igloo à 75° C pendant 35 à 40 minutes, puis retire doucement la boule d'aluminium ; elle doit se décoller sans peine. Place l'igloo sur la grille du four puis poursuis la cuisson à 15 minutes à 100° C. L'igloo doit alors être bien sec à l'intérieur car il est peu épais.

Bonshommes de neige et ours blancs

Les ours blancs

1 boule ovale pour le corps
1 boule ovale pour la tête
2 boulettes pour les oreilles
2 colombins pour les pattes avant
1 boulette ronde pour la truffe
1 rectangle frangé au couteau pour l'écharpe
1 petit bout de bois
Papier d'aluminium

Modelage :

• Pour le corps, roule une boule ovale faite avec un peu plus de farine, places-la sur l'aluminium en appuyant un peu pour lui donner une base plate. Ajoute une boule ovale plus petite pour la tête, 2 boulettes aplaties pour les oreilles en humidifiant légèrement. Roule 2 petits colombins pour les pattes avant et place-les en humidifiant bien les épaules et le corps.

• Ajoute une petite boulette bien ronde au bout du museau pour la truffe.

Étale finement sur le plan de travail un

rectangle de pâte pour l'écharpe. Strie chaque bout de rectangle avec un couteau pour marquer les franges.

• Place l'écharpe dans le cou de l'ours en humidifiant avec le doigt. Fais-la passer sur les pattes en pressant un peu sur chaque épaule.

Pour peindre le visage des ours…

Cuisson : Place tes ours à 75° C pendant 30 minutes, retire l'aluminium puis prolonge la cuisson sur la grille du four à 100° C pendant 30 à 40 minutes.

Les bonshommes

1 boule ovale pour le corps
1 boule ronde pour la tête
1 petite boulette pour le nez
2 boulettes ovales pour les moufles
1 cône pour le bonnet
1 pompon rouge pour le bonnet
2 pompons verts pour les boutons
De la colle
Papier d'aluminium

Modelage :

Pour le corps, tu auras besoin d'une boule ovale un peu dure : ajoute un peu de farine à la pâte pour lui donner une consistance plus compacte.

• Roule une boule bien ronde pour la tête, place-la sur le corps, en humidifiant à peine, tu peux aussi la faire tenir avec un bâtonnet. Ajoute une petite boulette bien ronde au milieu de la figure pour le nez.

• Modèle 2 boulettes ovales, aplatis-les ; place-les de chaque côté du corps pour former les moufles.
Ajoute un petit cône pour le bonnet.

Cuisson :

Place tes bonshommes de neige au milieu du four à 75° C pendant 30 minutes ; retire l'aluminium et poursuis la cuisson 30 minutes sur la grille à 100° C.
Peins et vernis (avec l'aide d'un adulte) tes bonshommes puis colle les pompons.
Ces petits pompons sont vendus en paquets de différentes couleurs et grosseurs dans les magasins de travaux manuels.

Clowns en fête

Pour chaque clown :
1 boule ovale de pâte un peu dure pour le corps
1 boule ronde pour la tête
1 cône pour le chapeau
1 boulette ronde pour le nez
1 bâtonnet
Emporte-pièce ou roulette
Presse-ail pour les cheveux
Papier d'aluminium

Modelage :

Pour le corps, roule une boule de pâte un peu dure (rajoute de la farine si nécessaire) en lui donnant une forme ovale. Place-la debout. Pique au sommet le bâtonnet pour tenir la tête. Prépare aussi la tête, la collerette (avec un emporte-pièce ou la roulette), le cône pour le chapeau, le nez, puis les cheveux avec le presse-ail.
Pose la tête sur le corps en humidifiant à chaque fois.

• Mouille avec ton doigt le dessus de la tête pour y fixer le chapeau, puis pose le nez bien rond.

• Fixe des touffes de cheveux de chaque côté de la tête, juste en dessous du chapeau.

Cuisson :

Fais cuire tes clowns 30 minutes à 75° C, puis retire l'aluminium et prolonge le séchage de 30 à 40 minutes à 100° C.

• Lorsque tes clowns seront bien secs, tu pourras fixer des yeux mobiles avec de la colle blanche tout support.

Le Cirque

Peinture :

Utilise toutes les couleurs vives que tu as pour que tes clowns soient très gais. Dessine des pois ou des rayures, un sourire triste ou joyeux.

Tigre, panthère, lion et lionne

Pour chaque animal :
1 boule ovale pour le corps
1 boule ronde pour la tête
4 boulettes pour les pattes
1 colombin pour la queue
2 boulettes pour les oreilles
1 petit bout de bois
Papier d'aluminium
Presse-ail pour la crinière du lion

Modelage :

- Commence par le corps : roule une boule de pâte en lui donnant une forme ovale, puis place-la sur l'aluminium. Pique le bâtonnet au niveau du cou pour fixer la tête. Roule une jolie boule, place-la à côté du corps. Roule avec ton index 4 boulettes de taille identique pour les pattes.

- Forme un colombin assez fin et effiloche une extrémité avec un couteau pour la queue. Roule 2 boulettes, puis aplatis-les avec l'index pour les oreilles.

Maintenant tu peux faire l'assemblage :

- Humidifie le corps pour fixer la tête sur le petit bout de bois.
- Fixe les oreilles sur le dessus de la tête en humidifiant à peine.
- Ajoute la queue en pressant la pâte.

Il te suffit maintenant de poser ton modelage sur ses 4 pattes.

Cuisson :

Fais cuire 30 minutes à 75° C, retire l'aluminium, prolonge la cuisson de 30 à 40 minutes à 100° C.
Tous les animaux se préparent de cette façon. Mais n'oublie pas la crinière du lion : avant la cuisson, presse de la pâte à sel dans le presse-ail et dispose la crinière tout autour de sa tête.

Peinture :

Voici deux modèles pour t'aider
à peindre un tigre et une panthère.

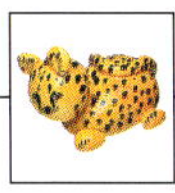

Eléphants en piste

Pour chaque éléphant :
1 boule ovale pour le corps
1 boule ronde pour la tête
2 boules pour les oreilles
4 boulettes pour les pattes
1 colombin pour la trompe
1 colombin fin pour la queue
1 petit bout de bois
Papier d'aluminium

Modelage :

• Pour le corps, roule une boule ovale avec de la pâte un peu dure et ajoute un bâtonnet pour fixer la tête.
Roule une boule bien ronde pour la tête ; à côté, roule 2 boules et aplatis-les avec l'index pour former les oreilles.

• Modèle 4 boulettes de taille identique. Place-les sur l'aluminium et aplatis-les légèrement avec l'index. Tu auras ainsi les 4 pattes de l'éléphant.

• Roule un colombin pour la trompe, puis un autre plus fin que tu effilocheras d'un côté pour la queue.
Place les éléments dans cet ordre :
Humidifie la partie supérieure du corps et enfonce doucement la tête sur le petit bout de bois.

• Humidifie le ventre et dispose les pattes, deux par deux. Place les oreilles.

• Ajoute la trompe en pressant légèrement sur la tête. Fais-la passer entre les pattes de l'éléphant, en la recourbant un peu ; elle doit bien prendre appui sur le corps de l'éléphant.

Note : Pour que ton éléphant reste bien assis, il te faut une pâte à sel un peu plus dure qui ne colle pas aux doigts. Pour cela, ajoute de la farine. Ensuite, utilise très peu d'eau à chaque fois que tu soudes un élément, sans quoi ton éléphant aura triste mine !

Cuisson : Fais cuire 30 minutes à 75°C, puis retire l'aluminium, place tes modelages à mi-hauteur sur la grille et cuis encore de 30 à 40 minutes à 100° C.

Les bébés

Pour chaque bébé :
1 boule ronde pour la tête
1 boudin pour le corps
2 boulettes rondes pour les mains
2 boulettes ovales pour les pieds
Papier d'aluminium

Modelage :

Voici un modèle très simple à réaliser pour les débutants.
Roule une jolie boule lisse et ronde pour la tête.

• Roule un boudin sur le plan de travail et creuse l'une des extrémités avec le pouce à l'emplacement du cou. Pince les deux morceaux de pâte pour former les bras, en les allongeant légèrement.
Laisse-les écartés.

• Coupe en deux parties égales la partie inférieure du boudin pour former les jambes ; sépare-les bien avec un couteau.

• Place les 2 boulettes rondes pour les mains, puis les 2 boulettes ovales pour les pieds, en humidifiant chaque fois.

Cuisson :

Fais cuire à 30 minutes à 75° C, puis retire l'aluminium et poursuis la cuisson à mi-hauteur du four à 100° C pendant 30 à 40 minutes.

Le jardin d'enfants

La sieste

Pour chaque bébé :
1 boule ronde pour la tête
1 boudin pour le corps
2 colombins pour les bras
2 boulettes ovales pour les mains
Papier d'aluminium

Modelage :
Roule une jolie boule pour la tête et place-la sur l'aluminium.
• Fais un boudin pour le corps et raccorde-le à la tête en humidifiant. Roule 2 colombins de même longueur et grosseur pour les bras ; place-les en arrondi de chaque côté du corps.

• Aplatis la moitié inférieure du corps avec la paume de ta main pour former la gigoteuse du bébé.

• Décore la gigoteuse en traçant des lignes verticales et diagonales au couteau. Aplatis 2 boulettes ovales pour les mains et colle-les en humidifiant.

• Tu peux simplement marquer le pouce de chaque main au couteau ou dessiner chaque doigt.

Peinture :
Les modèles, ci-contre, t'aideront à peindre le visage du bébé éveillé ou endormi.

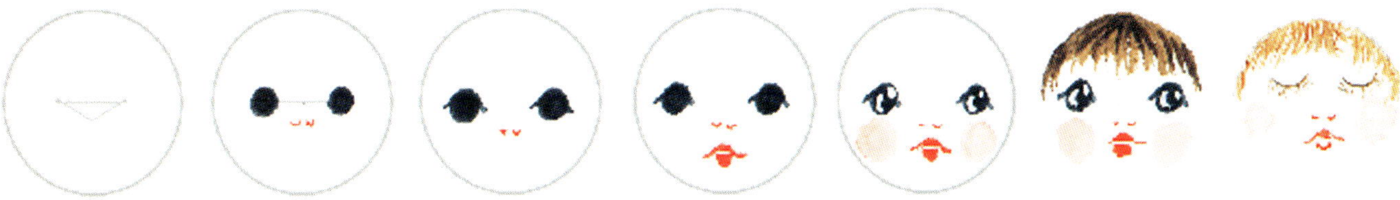

Après-midi au parc

Pour chaque panda :
1 boule ronde pour la tête
1 boule ovale pour le corps
4 boulettes rondes pour les pattes
2 boulettes pour les oreilles
1 boulette pour le museau
1 boulette pour la truffe
Papier d'aluminium

Modelage :
Roule une jolie boule de pâte, bien ronde et bien lisse, place-la sur l'aluminium. Ce sera la tête du panda.
• Reprends un peu plus de pâte et forme une boule de forme ovale pour le corps ; relie-la à la tête en humidifiant à l'aide d'un pinceau.

• Roule 4 boulettes bien rondes et de taille identique pour les pattes ; dispose-les en humidifiant sur le corps du panda.

Roule 2 petites boulettes pour les oreilles et aplatis-les avec ton index. Pose-les en humidifiant. Appuie légèrement pour qu'elles tiennent bien.
• Roule une petite boulette bien ronde pour faire le museau du panda ; place-la au milieu de la tête en appuyant un peu.
• Recommence, avec moins de pâte, pour former une petite truffe bien ronde ; place-la en haut du museau.

Cuisson :
Au milieu du four à 75° C pendant 30 minutes, puis retire l'aluminium et ensuite 30 à 40 minutes à 100° C.

Vernis : En compagnie d'un adulte, passe 2 ou 3 couches de vernis sur tes modelages.

Pour peindre les pandas regarde ces dessins.

Les ribambelles

de girafes

de poissons

de cochons

de canards blancs

Modelage
Sur le plan de travail fariné avec un rouleau à pâtisserie, étale la pâte puis découpe tes formes à l'aide d'un emporte-pièce.

- Place-les sur l'aluminium. Avec une paille, troue-les à droite et à gauche ; tu pourras ainsi, après les avoir peints puis vernis, les relier à l'aide d'un ruban ou d'un brin de raphia.

Cuisson :
Fais cuire tes modelages 20 minutes à 75° C.